D0890188

L'EAU

875

Illustrations de
Ron Hayward Associates
Conseiller : Stuart Boyle

La photo de la couverture montre le barrage Jackson, dans le Wyoming (Etats-Unis).

L'édition originale de cet ouvrage
a paru sous le titre : *Water*

Adaptation française de F. Carlier

D/1985/0195/20
ISBN 2-7130-0704-6
(édition originale : ISBN 086313 2464)

Exclusivité au Canada :
Les Éditions Héritage Inc., 300, avenue Arran,
Saint-Lambert, Qué. J4R 1K5
Dépôts légaux, 3e trimestre 1985,
Bibliothèque nationale du Québec
Bibliothèque nationale du Canada
ISBN 2-7625-4990-6

Imprimé en Belgique

Origine des photographies :
Couverture et pages 24 et 25 : Zefa ; pages 8, 10, 13, 14, 19, 20 et 22 : Robert Harding ; page 17 : CEGB.

DÉCOUVRONS L'ÉNERGIE

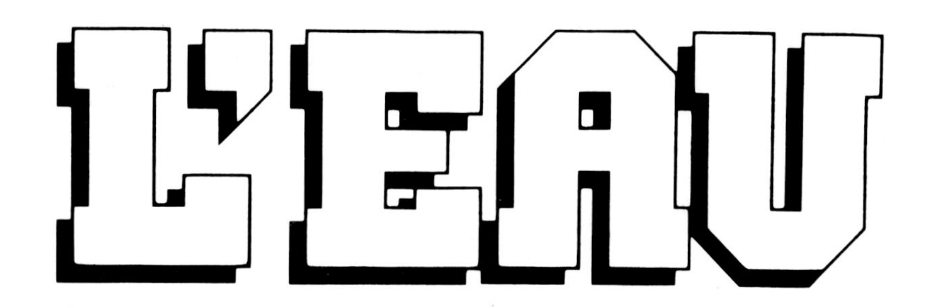

John Satchwell

Adaptation française de

François Carlier

ÉDITIONS GAMMA — ÉDITIONS HÉRITAGE INC.

Introduction

Nous oublions facilement l'importance de l'énergie pour chacun de nous. Elle nous est nécessaire pour éclairer et chauffer nos maisons, les écoles et les bureaux, et pour faire fonctionner les voitures, les trains et les avions. Les usines ont également besoin d'énergie pour fabriquer leurs produits. Ce livre montrera les diverses façons dont nous pouvons retirer de l'énergie de l'eau.

Plusieurs sources d'énergie, par exemple le charbon et le pétrole, ne peuvent être utilisées qu'une seule fois, et elles risquent de s'épuiser. Au contraire, l'énergie des cours d'eau et des marées sera toujours disponible et utilisable.

L'énergie naturelle d'une chute d'eau, au Brésil

Sommaire

L'énergie de l'eau

Le tableau de la page suivante montre les quantités d'énergie que nous retirons de chacune des sources d'énergie. L'énergie de l'eau nous est fournie sous forme d'électricité, qui est produite dans les centrales hydro-électriques. Celles-ci sont actionnées par un écoulement d'eau sous pression.

Pour maîtriser l'énergie de l'eau, le moyen le plus ordinaire est de construire un barrage en travers d'un cours d'eau. L'eau qui s'accumule derrière le barrage peut servir à produire de l'électricité et aussi à irriguer les terres environnantes. La construction d'un barrage est un travail difficile et coûteux, qui peut demander plusieurs années.

Ce barrage du Glen Canyon, aux États-Unis, fut construit en huit ans

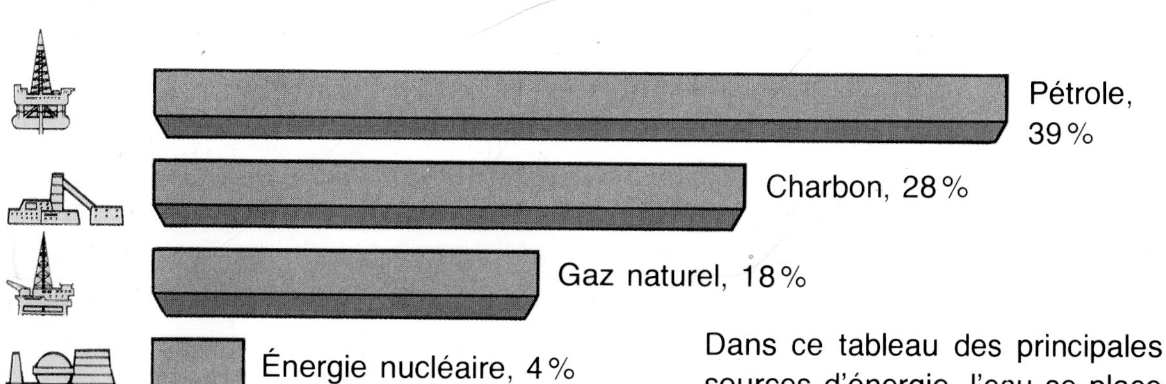

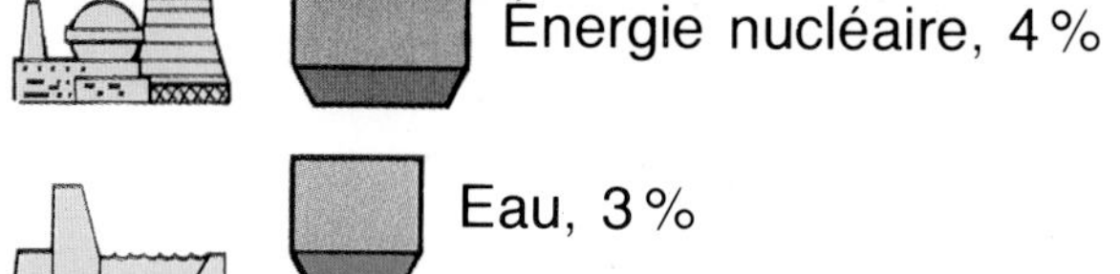

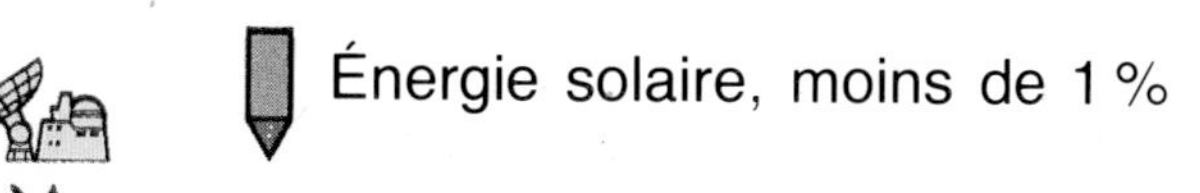

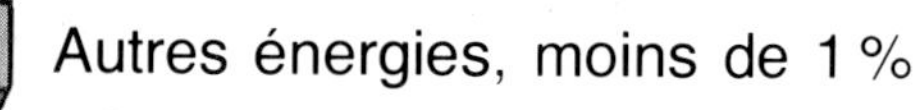

Dans ce tableau des principales sources d'énergie, l'eau se place assez bas. Mais l'eau a un grand avantage sur le pétrole, le charbon et le gaz naturel : ses réserves ne s'épuisent pas. Ce tableau n'indique pas les 7 % environ de combustibles produits et employés localement, surtout dans le tiers monde, par exemple le bois à brûler.

Construction du barrage

Un barrage doit être très solide pour résister à la poussée de l'eau accumulée dans le réservoir. Certains barrages sont construits en béton, et d'autres sont faits d'une masse d'argile, de terre et de gravier.

À un des côtés du barrage se trouve l'évacuateur de crues : c'est un canal en béton par où s'écoule l'eau qu'il y a en trop. Des vannes règlent la quantité d'eau qu'on y laisse passer. L'eau qui sert à produire l'électricité passe sous le barrage dans une grande conduite, et arrive dans la centrale hydro-électrique. La centrale d'un grand barrage fournit assez d'électricité pour une ville importante. Plusieurs barrages associés, comme à la baie James (Canada), peuvent procurer l'électricité à toute une région.

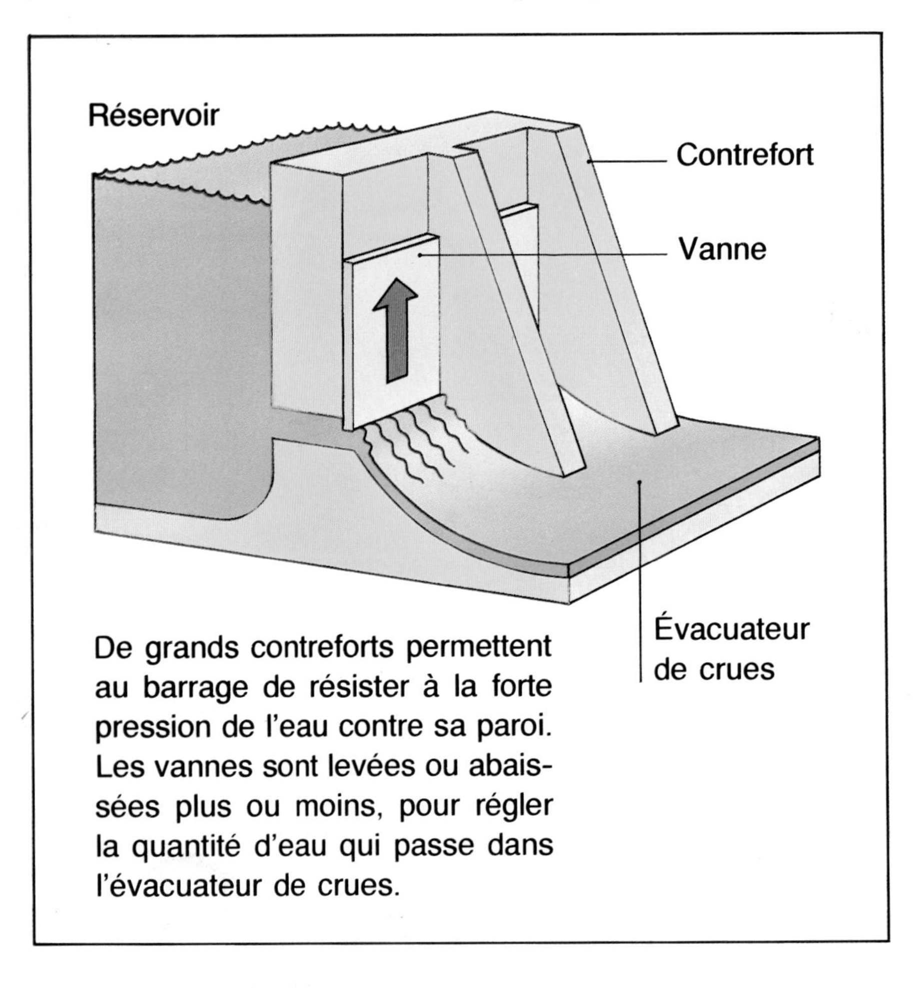

De grands contreforts permettent au barrage de résister à la forte pression de l'eau contre sa paroi. Les vannes sont levées ou abaissées plus ou moins, pour régler la quantité d'eau qui passe dans l'évacuateur de crues.

Le barrage de Tobela, au Pakistan

L'électricité produite par l'eau

L'eau qui descend du barrage se trouve sous pression. Elle vient frapper avec force les ailettes d'une turbine et la fait tourner, en lui communiquant son énergie. Un axe relie la turbine à une génératrice.

Dans celle-ci, des aimants peuvent tourner au milieu d'une bobine, qui comprend des milliers d'enroulements de fils électriques. Quand l'axe fait tourner les aimants, de l'électricité est produite : elle sort de la génératrice par de gros câbles électriques.

La salle des turbines, dans une centrale hydro-électrique

Dans une centrale hydro-électrique, on n'entend pas d'autre bruit que le ronronnement continu des turbines qui tournent. Tout y est parfaitement propre. Des ingénieurs surveillent le bon fonctionnement de l'équipement depuis une salle de contrôle.

Les centrales modernes sont équipées d'ordinateurs qui mettent automatiquement en route des turbines supplémentaires, si plus d'électricité est demandée dans le réseau de distribution du courant.

L'axe entraîné par la turbine fait tourner des aimants à l'intérieur d'une bobine, dans la génératrice. Cela produit dans les fils de la bobine du courant électrique, qui sort de la génératrice par le câble.

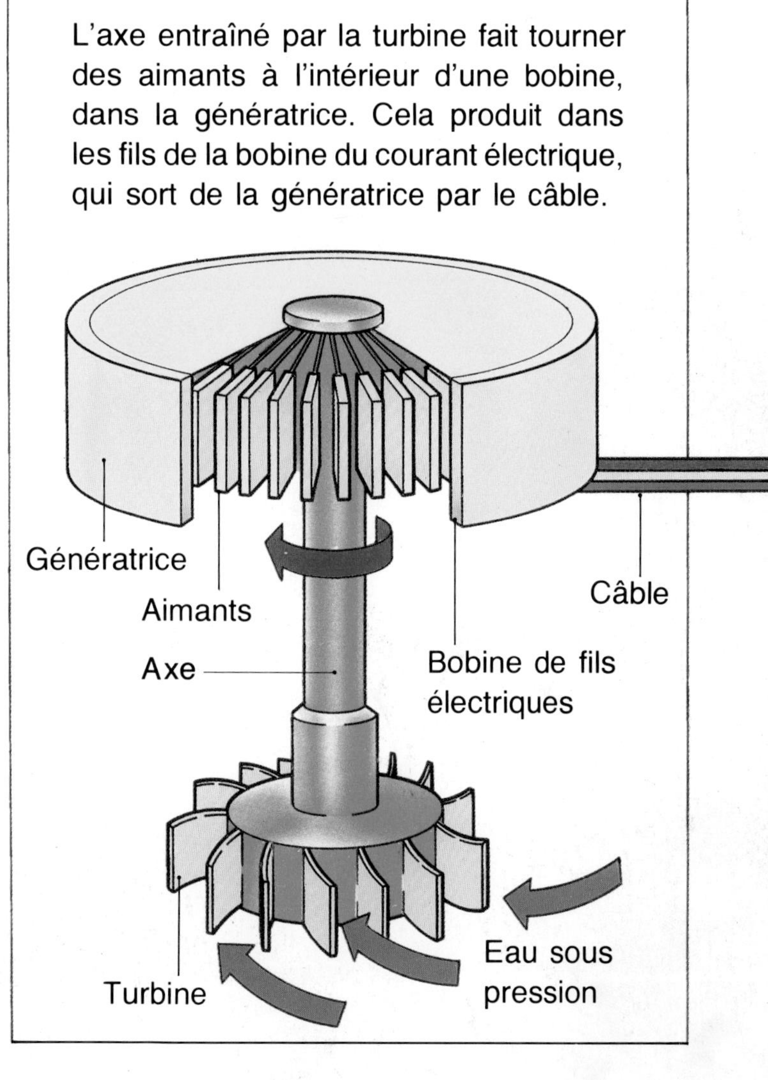

L'énergie mise en réserve

Une installation hydro-électrique a été établie dans cette belle vallée du pays de Galles. L'eau qu'elle utilise passe par des tunnels qui ont été creusés dans cette montagne : ils forment la plus grande caverne creusée par l'homme en Europe.

L'eau qui a déjà fait tourner les turbines est gardée dans un lac, au pied de la montagne. Ensuite, lorsque la demande d'électricité est très faible, par exemple la nuit, on fait tourner certaines turbines en sens inverse, en utilisant l'électricité venant d'autres centrales : ces turbines agissent alors comme des pompes, et font remonter l'eau du réservoir inférieur jusque dans le réservoir supérieur. Ce « turbinage » augmente la quantité d'eau disponible, pour répondre rapidement à une forte demande d'électricité, qui se produit à certaines heures de pointe de la consommation.

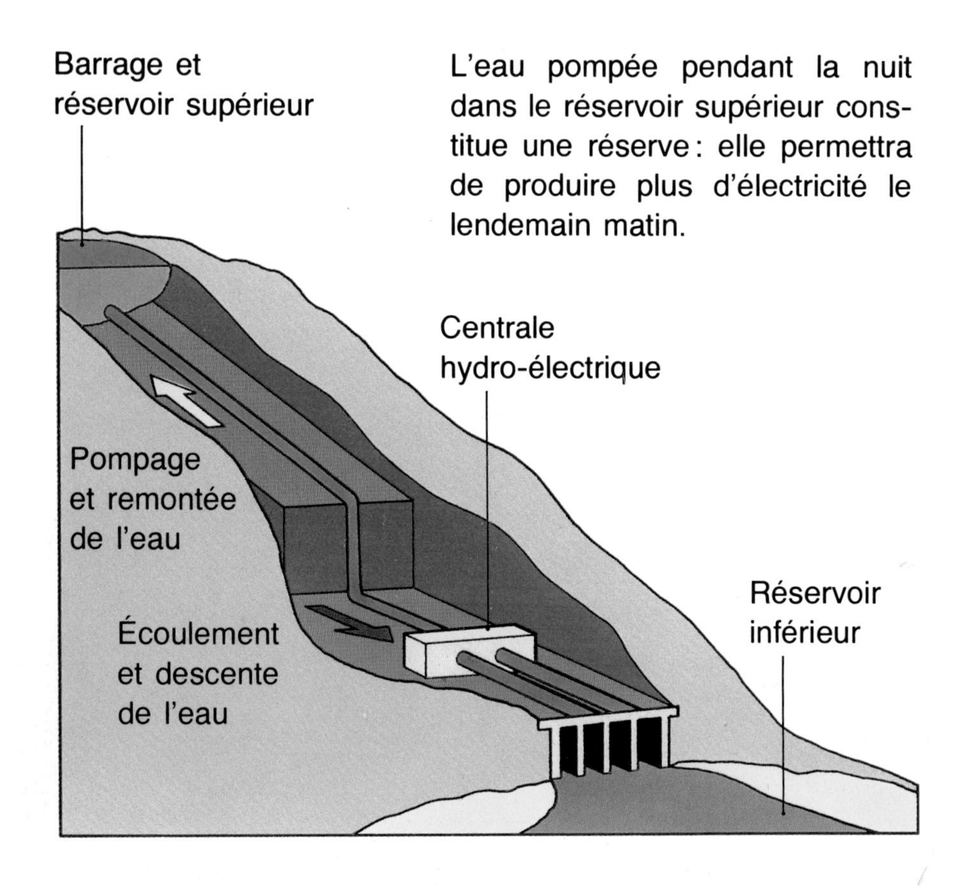

L'eau pompée pendant la nuit dans le réservoir supérieur constitue une réserve : elle permettra de produire plus d'électricité le lendemain matin.

Le complexe hydro-électrique Dinorwic, dans le pays de Galles (Grande-Bretagne)

La force des marées

L'énergie de l'eau des océans peut également être utilisée. La centrale électrique ci-dessous est actionnée par la force des marées. Un barrage a été construit en travers d'un estuaire, et il arrête l'eau de la marée haute : elle ne peut entrer dans l'estuaire qu'en passant par la centrale électrique, où elle fait tourner des turbines et produit de l'électricité. Alors l'eau passe dans l'estuaire et son niveau y monte peu à peu.

L'usine marémotrice établie sur la Rance, en France

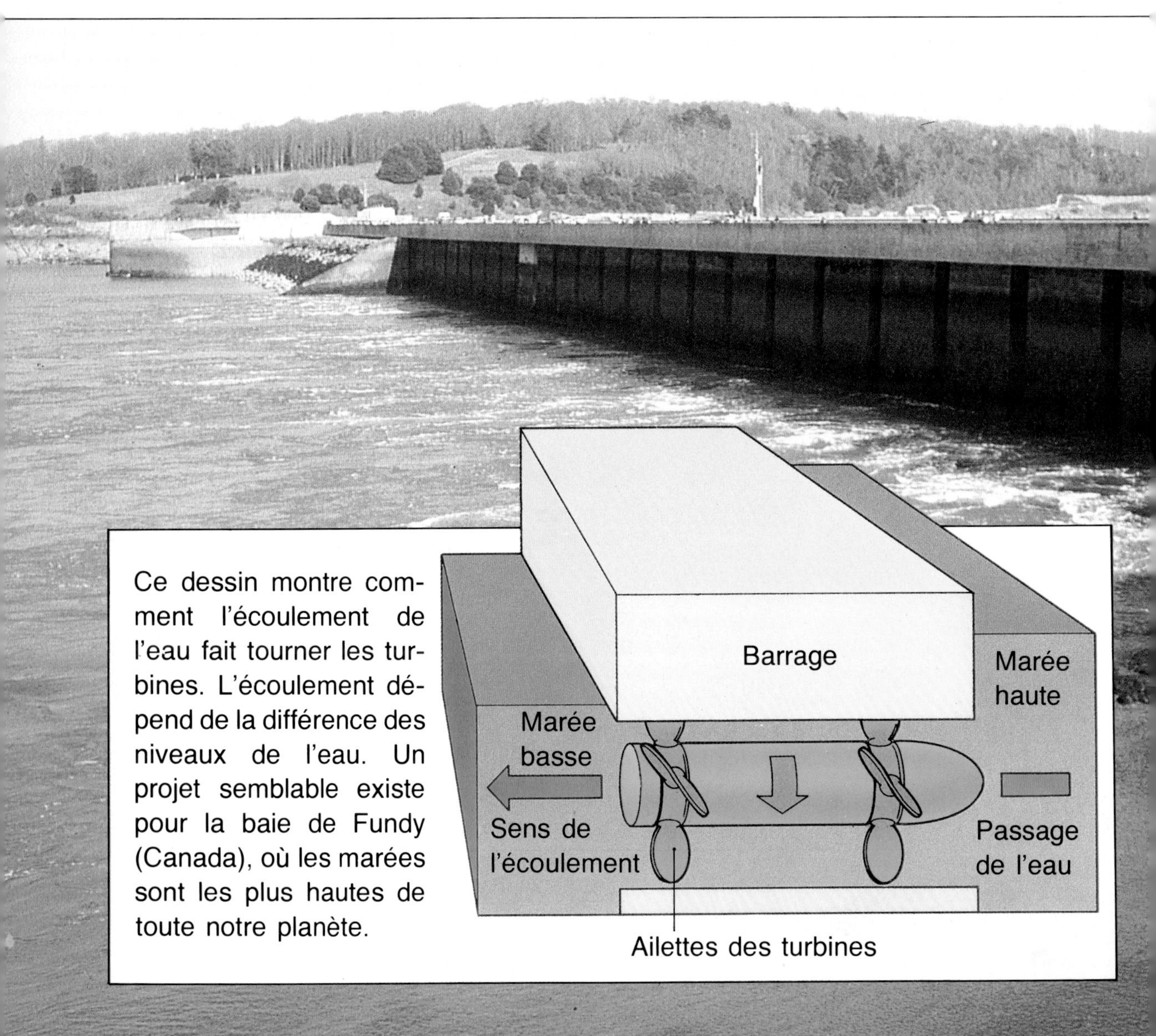

Ce dessin montre comment l'écoulement de l'eau fait tourner les turbines. L'écoulement dépend de la différence des niveaux de l'eau. Un projet semblable existe pour la baie de Fundy (Canada), où les marées sont les plus hautes de toute notre planète.

Lorsque la marée baisse, l'eau qui a monté dans l'estuaire est retenue par le barrage: elle ne peut s'écouler vers la mer qu'en passant par la centrale, où elle actionne à nouveau les turbines. Celles-ci sont construites pour assurer la production d'électricité, quand de l'eau passe dans un sens ou dans l'autre.

À l'avenir, il sera possible d'utiliser aussi l'énergie des vagues pour produire de l'électricité.

La chaleur terrestre

Dans cette centrale électrique de Nouvelle-Zélande, les turbines sont actionnées par de la vapeur. Celle-ci a une origine curieuse : elle provient d'une source naturelle d'eau chaude qui sort du sol. Cela se produit dans certaines régions de la Terre, là où des fissures de l'écorce terrestre laissent s'échapper la chaleur de son noyau de matières surchauffées.

La centrale géothermique de Wairakei, en Nouvelle-Zélande

On appelle énergie géothermique celle qui provient des profondeurs de la Terre, par exemple sous forme d'eau chaude ou de vapeur. À Reykjavik (Islande), les maisons sont chauffées par l'eau provenant de sources chaudes. Leur chaleur et leur vapeur peuvent être utilisées pour produire de l'électricité.

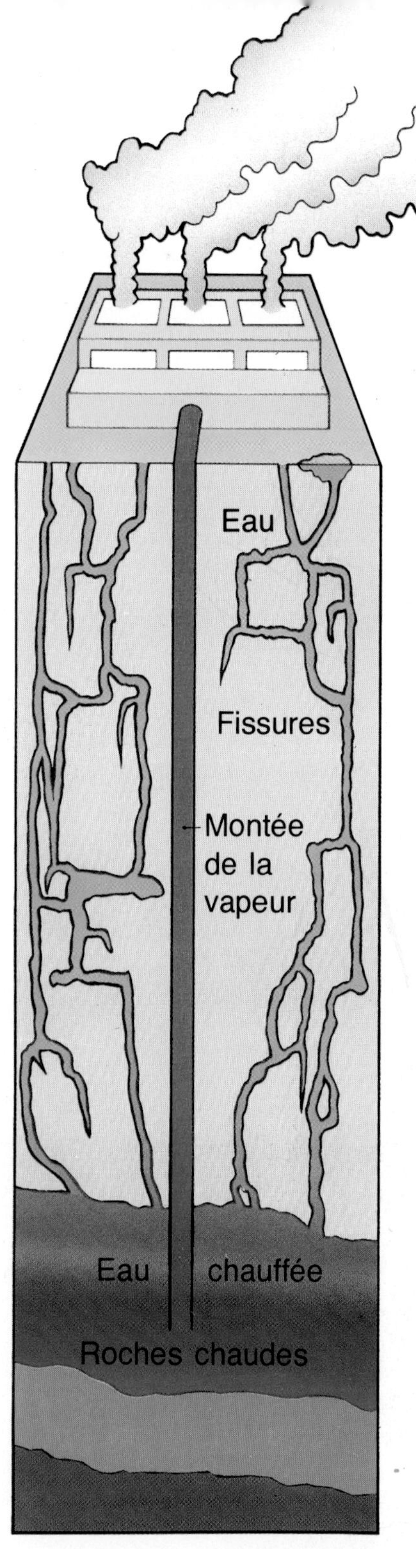

Un puits est souvent foré à grande profondeur sous la centrale géothermique, pour lui amener la vapeur chaude et sous pression qui fournit l'énergie.

Réfrigérants atmosphériques
ou tours de refroidissement
d'une centrale électrique à charbon

L'eau dans l'industrie

Toutes sortes d'industries utilisent de l'eau. Des millions de litres d'eau sont employés chaque jour dans la centrale électrique à charbon ci-contre. De l'eau y est chauffée et bout dans une chaudière, pour fournir de la vapeur sous pression. Celle-ci fait tourner les turbines et génératrices de la centrale, et produit ainsi de l'électricité. Il faut encore plus d'eau pour refroidir la vapeur qui sort des turbines : celle-ci redevient alors de l'eau, qui est renvoyée dans la chaudière.

Les deux principaux usages de l'eau dans l'industrie sont probablement le refroidissement et le nettoyage. De plus, certains produits fabriqués contiennent de l'eau, par exemple le papier, des produits chimiques, les conserves et les boissons.

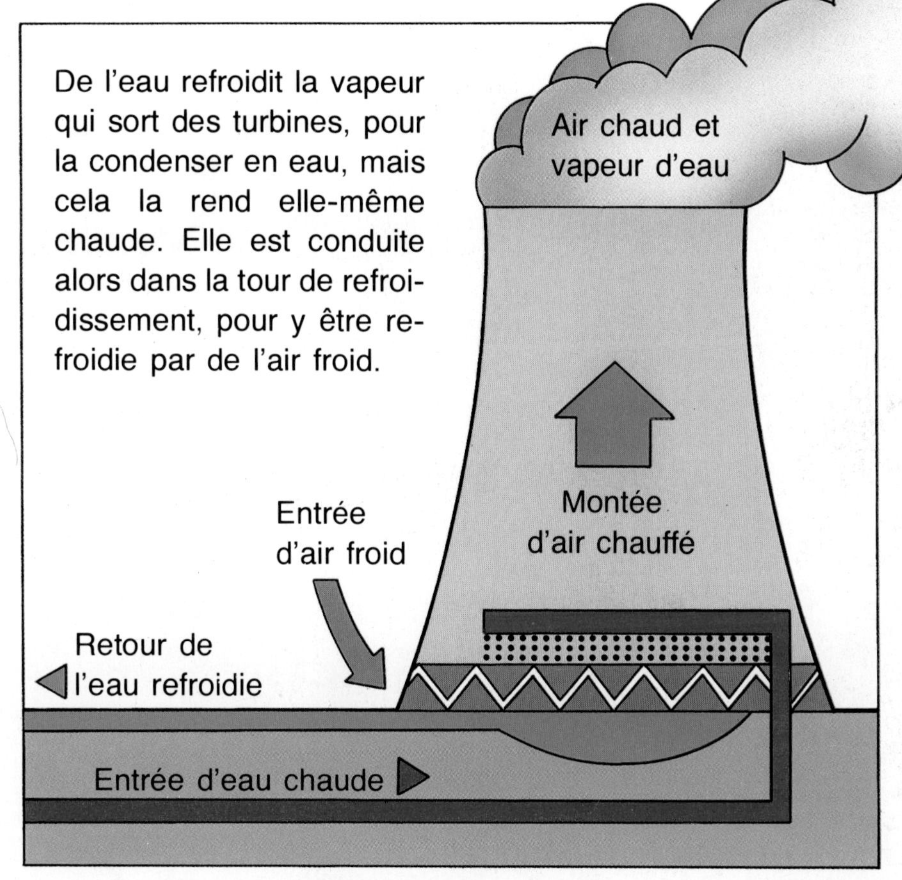

De l'eau refroidit la vapeur qui sort des turbines, pour la condenser en eau, mais cela la rend elle-même chaude. Elle est conduite alors dans la tour de refroidissement, pour y être refroidie par de l'air froid.

L'eau à la maison

Pour obtenir de l'eau, il nous suffit d'ordinaire d'ouvrir un robinet. Mais cette eau a dû faire un long chemin pour parvenir dans notre maison.

De l'eau provenant de cours d'eau, de lacs ou de puits est amenée dans de grands réservoirs. Puis elle est filtrée et purifiée pour pouvoir être bue, et elle est conduite ensuite dans un réservoir couvert. De là elle est pompée et envoyée par des canalisations vers tous les endroits où on en a besoin. Les canalisations sont souterraines: elles passent sous les rues pour amener l'eau dans les maisons.

Nous chauffons l'eau pour les boissons, les bains, les lessives et le chauffage central. Nous l'employons aussi pour arroser les plantes de notre jardin et pour nous rafraîchir quand il fait chaud.

Un des usages quotidiens de l'eau

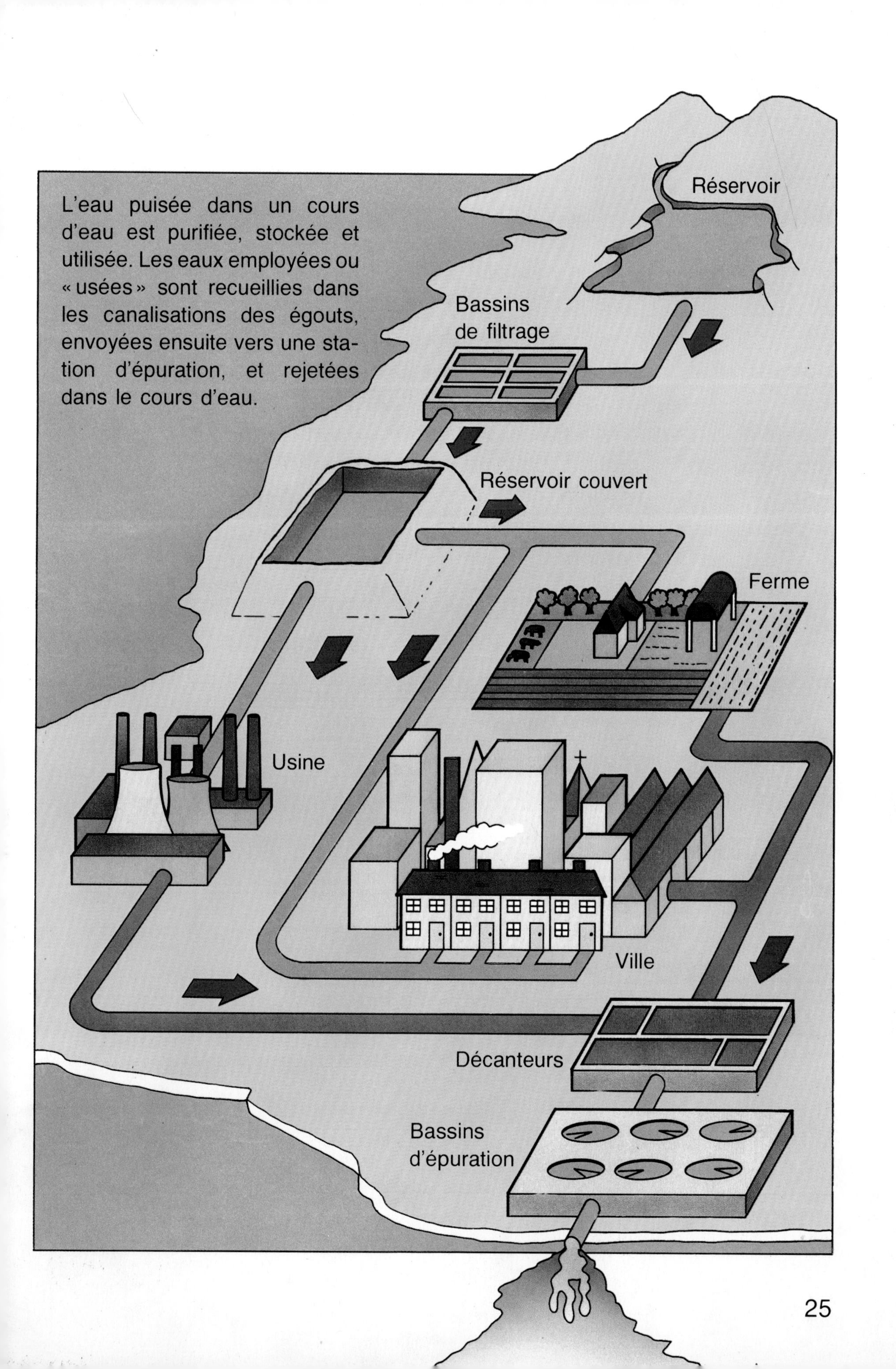
L'eau puisée dans un cours d'eau est purifiée, stockée et utilisée. Les eaux employées ou « usées » sont recueillies dans les canalisations des égouts, envoyées ensuite vers une station d'épuration, et rejetées dans le cours d'eau.
Réservoir
Bassins de filtrage
Réservoir couvert
Ferme
Usine
Ville
Décanteurs
Bassins d'épuration

Irrigation et puits

Dans beaucoup de régions du monde, les pluies ne sont pas régulières. Ainsi, les récoltes étaient inondées deux fois par an dans la région du Brésil montrée ci-contre. La construction de digues et de barrages a régularisé les cours d'eau.

En d'autres régions, il n'y a pas assez de pluies pour les cultures. On peut parfois y amener l'eau de cours d'eau ou de lacs plus ou moins lointains, par des tuyaux et canaux d'irrigation. Ces canaux doivent être entretenus constamment, pour ne pas se boucher, et l'usage de l'eau disponible doit être bien réglé.

De l'eau se trouve souvent emprisonnée à une certaine profondeur dans le sol, entre des couches de roches : c'est l'eau des pluies qui s'est infiltrée dans un sol poreux. En beaucoup de régions sèches, des puits et des forages peuvent amener cette eau à la surface et la mettre à la disposition des habitants.

De l'eau emprisonnée entre deux couches de roches imperméables est amenée à la surface par le forage d'un puits. La pression la fait jaillir dans ce cas-ci en un puits artésien.

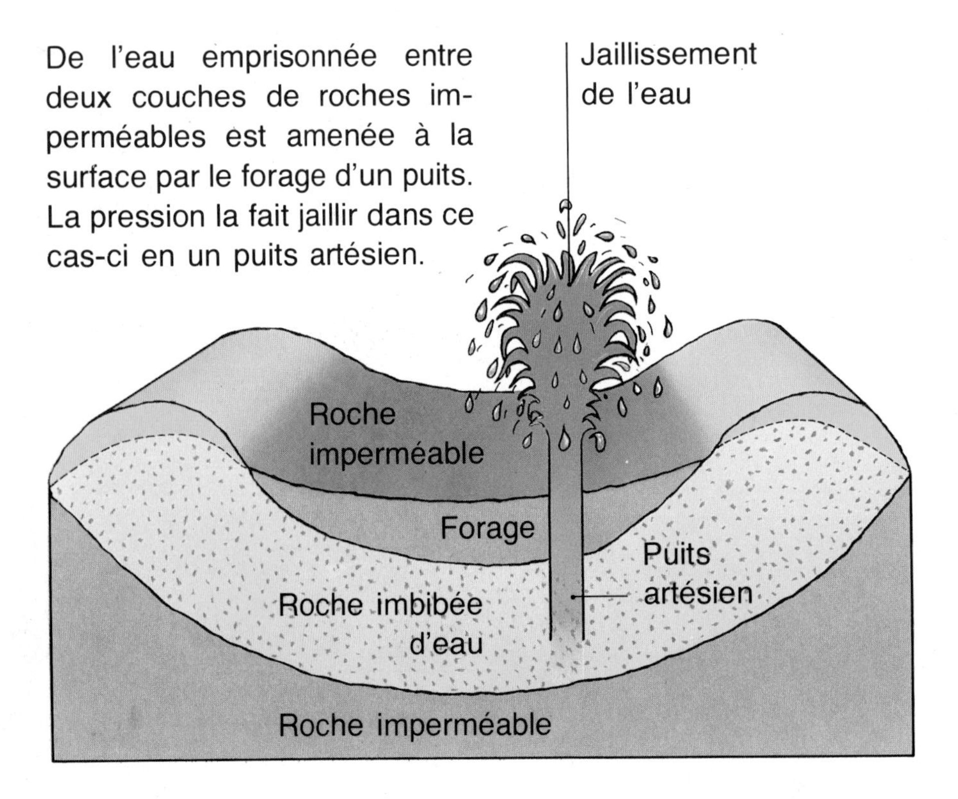

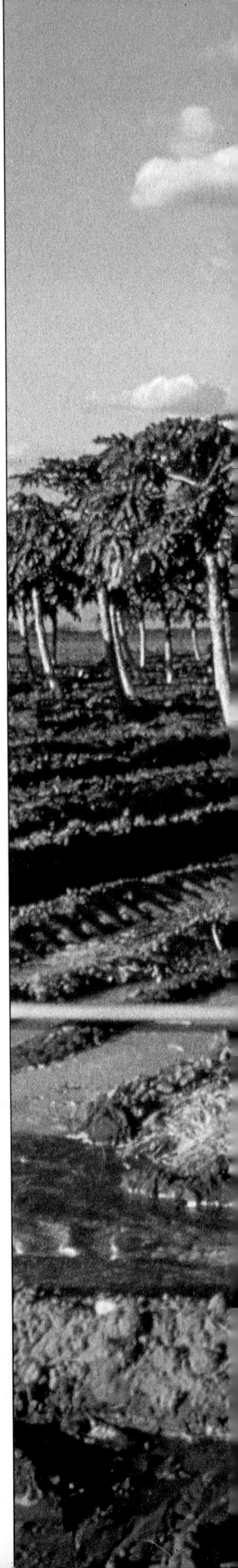

L’entretien des canaux d’irrigation dans une plantation brésilienne

Dossier 1 Emplois de l'eau

Dans sa conquête de l'énergie, l'homme commença sans doute par employer la force musculaire des animaux. Ceux-ci sont vigoureux, mais ils se fatiguent. L'eau a encore plus de force et ne se fatigue jamais. Les hommes imaginèrent des moyens d'employer cette force.

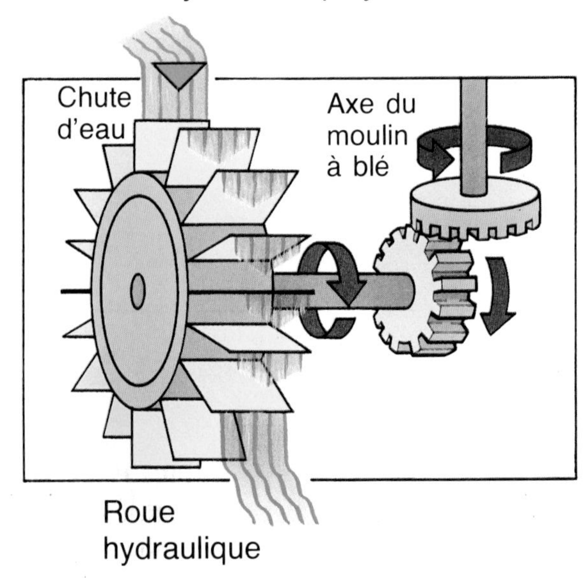

Roue hydraulique

L'eau peut pousser avec une grande force les ailettes d'une roue hydraulique, qu'elle fait tourner. Cette force de rotation servit d'abord à entraîner des meules pour moudre le blé. Plus tard, elle permit d'actionner des machines qui envoyaient de l'air dans les hauts fourneaux, pour activer le feu et mieux fondre le fer. La turbine de la page 15 est un modèle moderne de roue hydraulique.

Les machines à vapeur remplacèrent ensuite les roues hydrauliques dans les usines. Mais certaines subsistent : beaucoup de villes et villages ont encore un moulin, et il en reste quelques-uns qui fonctionnent à l'eau. Tu pourras les trouver le long des petits cours d'eau.

La force de l'eau nous est utile, mais l'emploi de l'eau pour l'agriculture est encore plus important. L'irrigation amène l'eau des cours d'eau et des lacs vers les régions où les pluies sont insuffisantes pour les cultures, au moyen de canaux.

Les seaux furent les premiers instruments employés pour puiser l'eau dans les cours d'eau, mais leur maniement était fatigant. Les Égyptiens inventèrent un instrument où le poids du seau était équilibré par un contrepoids : c'était le chadouf. Il permet de soulever le seau avec beaucoup moins d'effort.

Vis d'Archimède

Un Grec inventa un système encore meilleur, qu'on appela la vis d'Archimède. C'était une longue vis ou spirale, placée dans un tube cylindrique. Quand le bout du tube est plongé obliquement dans l'eau et qu'on fait tourner la vis au moyen d'une manivelle, l'eau monte dans le tube. Cet appareil est encore employé aujourd'hui dans certaines régions.

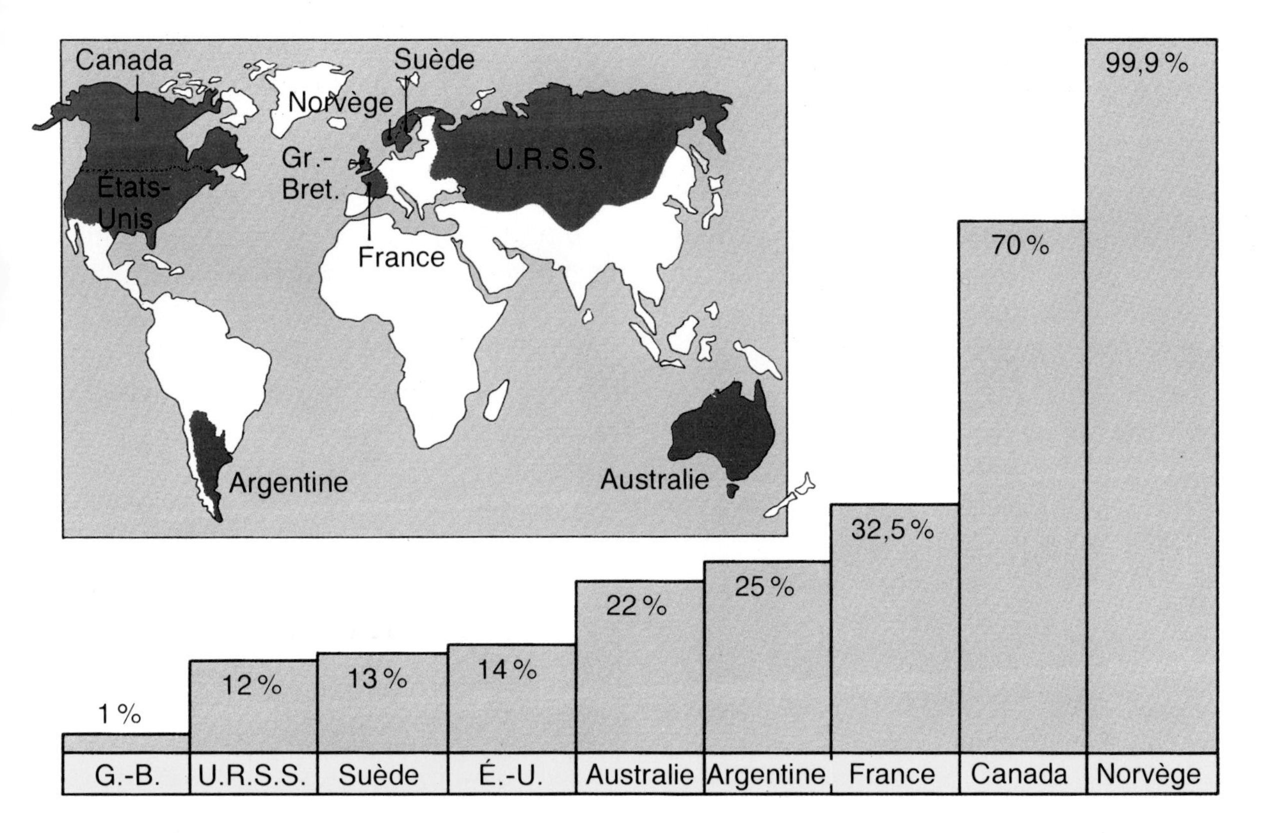

Le tableau ci-dessus montre, pour neuf pays divers, la part de l'énergie hydro-électrique, comparée à l'ensemble de l'énergie électrique produite dans chacun de ces pays, au moyen de toutes les sources d'énergie réunies.

L'énergie hydro-électrique est la plus abondante dans les pays qui ont de nombreux cours d'eau à courant rapide, dont l'eau peut être retenue en altitude par des barrages. Mais si le pays a aussi des réserves de charbon et de pétrole à bon marché, il les emploie volontiers pour produire de l'électricité, et l'énergie hydro-électrique y est alors négligée.

La Norvège a une population peu nombreuse et une quantité de cours d'eau à courant rapide, dans un pays accidenté. Elle peut produire presque toute son électricité à partir d'eau.

Pendant quelque temps, les Soviétiques étudièrent un projet, consistant à détourner vers le sud les eaux des grands fleuves de Sibérie. Elles formeraient un nouveau lac, aussi étendu que l'Italie, permettant une vaste irrigation.

La Grande-Bretagne, au bout du tableau, ne pourrait produire toute l'électricité dont elle a besoin au moyen de l'eau, car son relief ne convient pas. Mais cela est moins important pour elle, car elle a de grandes réserves de charbon.

La plupart des autres pays du tableau font de grands efforts pour augmenter leur hydro-électricité. Les combustibles tels que le charbon et le pétrole seront peut-être épuisés dans une centaine d'années, tandis que l'énergie de l'eau sera toujours disponible.

Dossier 2 Les barrages

Il existe diverses sortes de barrages, et chacune est adaptée à la situation géographique et aux matériaux disponibles dans les environs. Le plus simple est le barrage-poids, qui résiste à la poussée de l'eau par sa lourdeur. Il comporte en son milieu une partie imperméable à l'eau, appelée écran d'étanchéité.

Barrage-poids

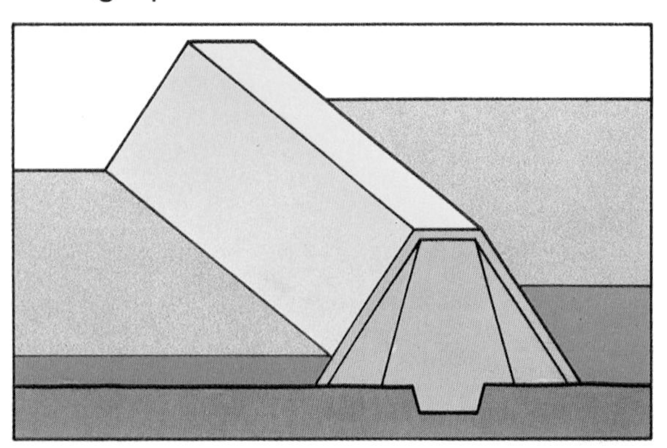

Les barrages à contreforts ont la même forme générale que les barrages-poids. Ils conviennent aux endroits où il faut un long barrage établi en ligne droite, sans appui sur les flancs de la vallée. Les contreforts placés derrière le barrage empêchent qu'il soit renversé par la poussée de l'eau accumulée devant lui.

Barrage à contreforts

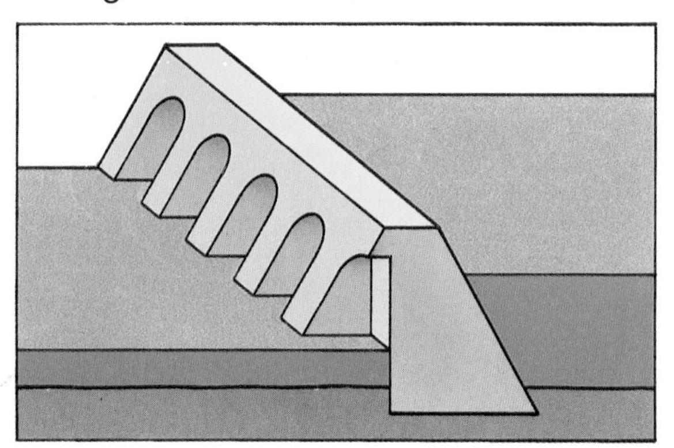

Les barrages-voûtes sont construits en travers des vallées profondes et encaissées. La poussée de l'eau tendrait à aplanir l'arrondi de la voûte, mais celle-ci est maintenue des deux côtés par les parois rocheuses de la vallée, sur lesquelles elle s'appuie fermement.

Barrage-voûte

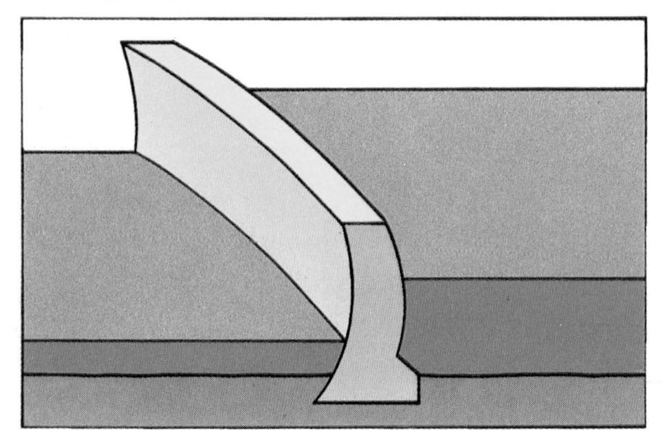

Les barrages cantilevers sont formés d'une paroi de béton assez mince, renforcée par les barres de métal qu'elle contient. C'est donc un barrage léger, en béton armé, qui doit être fixé solidement aux parois et au sol pour résister à la poussée de l'eau.

Barrage cantilever

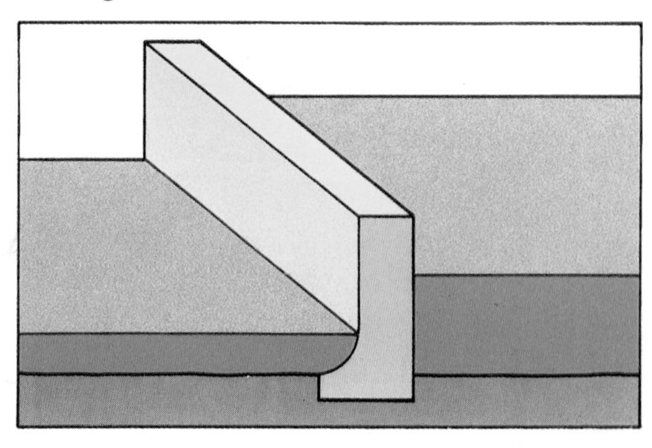

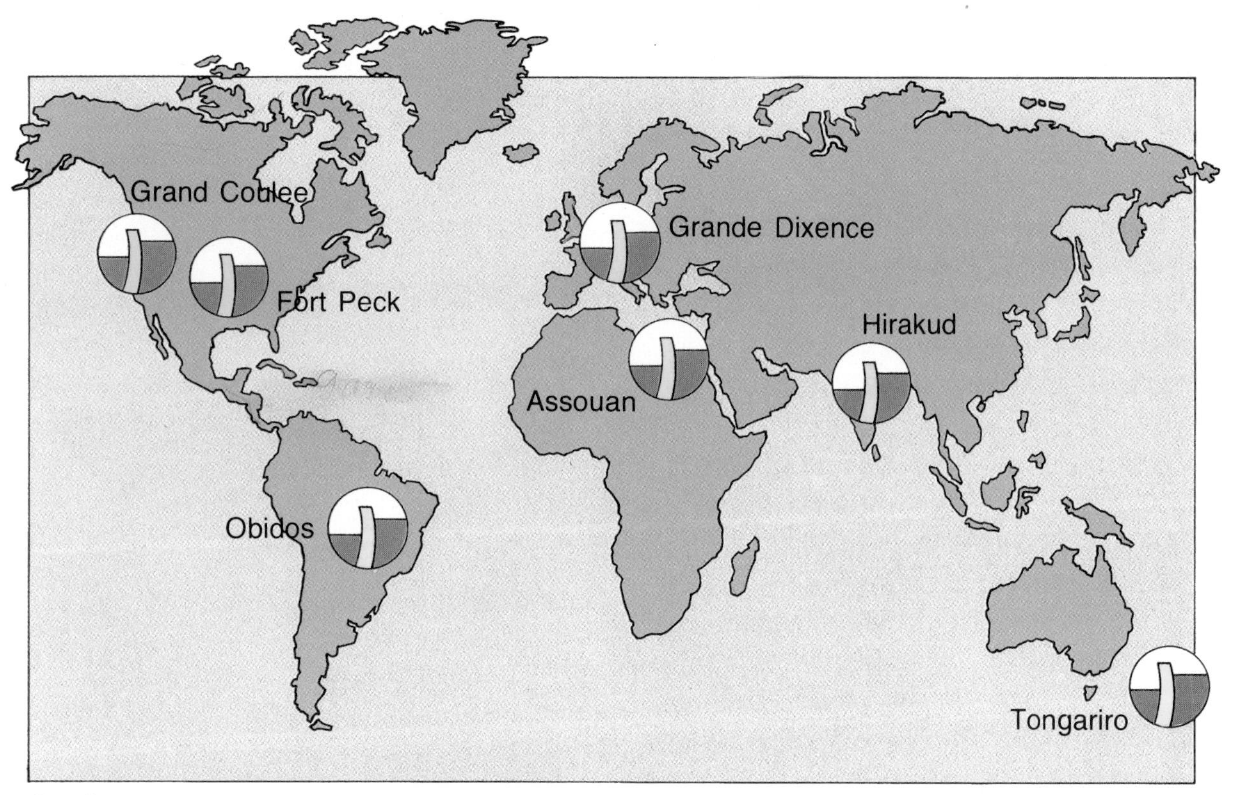

Quelques barrages et projets d'irrigation dans le monde

Les projets d'emploi de l'eau pour la production d'électricité et l'irrigation ne sont intéressants que sur une rivière qui fournit assez d'eau. Mais la plupart des pays ont au moins un cours d'eau suffisant pour qu'on y établisse un barrage.

Le plus grand barrage de béton du monde est celui de Grand Coulee (É.-U.).

Le plus long barrage établi sur un cours d'eau est celui d'Hirakud, en Inde.

En Nouvelle-Zélande, 70 % de l'électricité est produite par l'énergie hydraulique. Une partie importante est fournie par le complexe Tongariro.

Plusieurs barrages et centrales sont réalisés ou en construction le long de la rivière La Grande, au Québec, dans le chantier de la baie James (Canada) qui est le plus vaste du monde.

Le barrage de Grande Dixence, en Suisse, est le plus haut du monde : il mesure 285 mètres depuis sa base.

Le barrage de Tarbela, au Pakistan, est celui qui contient le plus grand volume de matériaux : environ 121 millions de mètres cubes de terre et de roches. Sa hauteur atteint 148 m. Il est suivi par celui de Fort Peck, sur le Missouri, rivière des États-Unis, qui contient 96 millions de m^3 de matériaux.

Le barrage d'Assouan, en Égypte, fut construit pour régulariser le cours du Nil et contrôler ses crues, produire de l'électricité, et fournir de l'eau pour l'irrigation.

Un projet de barrage à établir sur l'Amazone, le grand fleuve du Brésil, est actuellement à l'étude. Il créerait près d'Obidos un immense lac de retenue de 177 100 km^2 de superficie.

Dossier 3 Besoins

La quantité totale d'eau présente sur notre planète est d'environ 1,5 milliards de kilomètres cubes. Presque toute cette eau est de l'eau salée des mers et des océans : elle ne peut servir de boisson.

Environ 2 % de toute l'eau de la Terre se trouve congelée dans les glaciers et les calottes glaciaires des régions voisines du Pôle Nord et du Pôle Sud. À l'avenir, on trouvera peut-être des moyens d'utiliser ces vastes réserves d'énergie hydraulique. Il existe aussi des projets pour utiliser les icebergs comme source d'eau douce : leur glace provient en effet de neige comprimée et n'est pas salée.

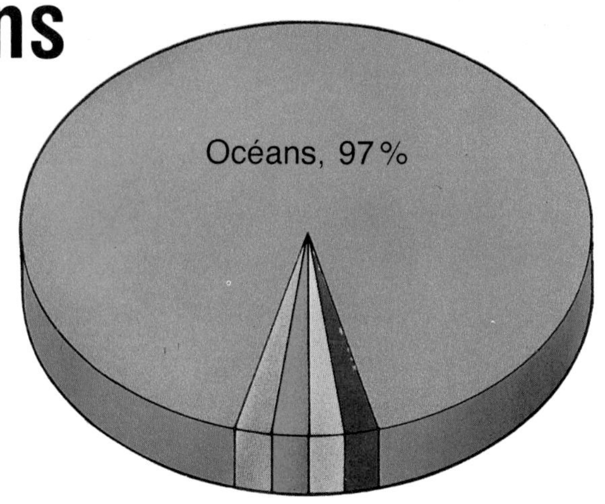

Les quantités d'eau sur la Terre

- Cours d'eau et lacs, 0,02 %
- Eaux souterraines, 0,6 %
- Calottes glaciaires et glaciers, 2 %
- Atmosphère, 0,001 %

Le tableau ci-dessous montre les quantités d'eau qu'il faut pour obtenir quelques produits ordinaires de la vie quotidienne, qui sont toujours disponibles dans les pays développés. Rien que pour la nourriture d'une personne pour un jour, il faut employer environ 33 000 litres d'eau pour sa production, son emballage et son transport. À cela s'ajoute l'eau nécessaire pour fabriquer tous les objets que nous employons.

De grandes quantités d'eau sont utilisées dans l'industrie. Ainsi, il faut employer environ 450 000 litres d'eau pour fabriquer une seule voiture. L'eau sert pour les lavages, le refroidissement, et elle peut également faire partie du produit fabriqué. Beaucoup d'eau est consommée dans les divers processus de fabrication des industries alimentaires. Les boissons sucrées et gazeuses contiennent principalement de l'eau.

	Pour un œuf, il faut environ 1 000 litres d'eau.
	Pour un kilo de sucre, il faut environ 8 000 litres d'eau
	Pour un litre de lait, il faut environ 140 litres d'eau
	Pour un kilo de riz, il faut environ 4 500 litres d'eau

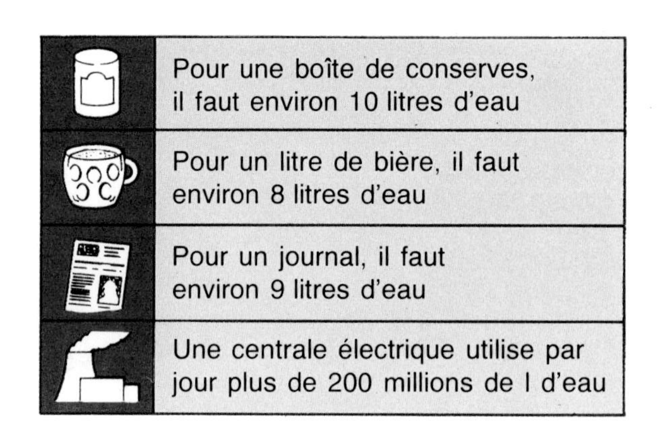

	Pour une boîte de conserves, il faut environ 10 litres d'eau
	Pour un litre de bière, il faut environ 8 litres d'eau
	Pour un journal, il faut environ 9 litres d'eau
	Une centrale électrique utilise par jour plus de 200 millions de l d'eau

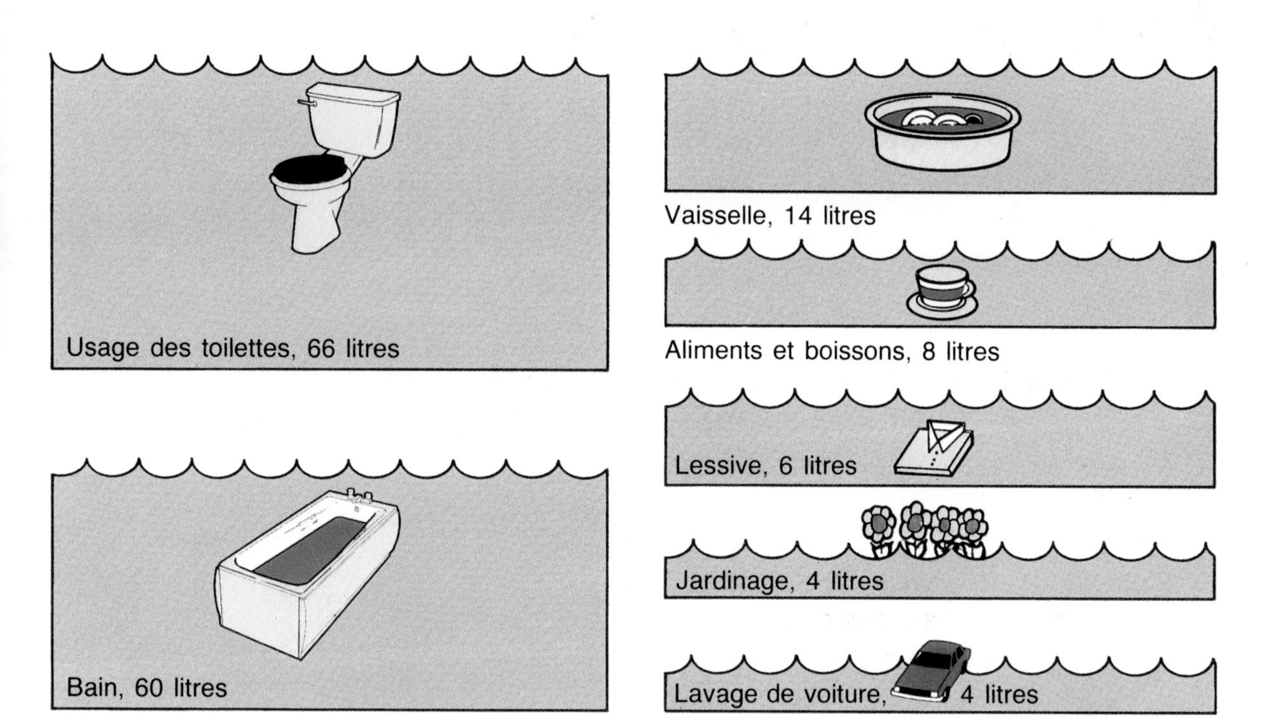

Les moyennes quotidiennes des quantités d'eau consommées par personne

---

L'eau est indispensable à la vie. Il est possible de vivre sans abri ou même sans vêtements; mais il nous serait impossible de rester en vie plus de quelques jours sans boire de l'eau sous quelque forme. L'homme a besoin d'environ un litre d'eau par jour, au minimum.

Dans une ville moderne, la consommation moyenne d'eau par personne peut atteindre 1 800 litres. Si la ville compte un million d'habitants, il faut donc des pompes, des canalisations et des stations de filtrage très importantes, pour fournir toute l'eau nécessaire. Après avoir été employées, les eaux « usées » doivent être emportées par les égouts et pompées à travers de grandes canalisations vers les stations d'épuration, pour y être purifiées. Elles sont alors rejetées dans un cours d'eau.

Le manque d'eau dans le monde n'est pas un problème de quantité disponible. Ainsi, un seul grand fleuve, tel que le Yang-tseu-kiang en Chine, pourrait fournir à chaque habitant de la Terre 680 litres d'eau par jour.

Le stockage de l'eau dans les régions où les pluies sont irrégulières, et la distribution à longue distance de l'eau des cours d'eau sont des opérations très coûteuses. Les pays riches peuvent réaliser les installations nécessaires, grâce à leurs moyens techniques et financiers, tandis que les pays pauvres ne peuvent ordinairement pas effectuer ou payer les systèmes d'irrigation. L'argent fait souvent la différence entre la possibilité de prendre un bain chaque jour et l'obligation de boire l'eau sale d'une source polluée, la seule disponible.

Glossaire

Calotte glaciaire. Épaisse couche de glace qui recouvre les terres proches du Pôle Nord et du pôle Sud. La fusion de cette glace produit de l'eau douce, car elle provient de neige accumulée.

Estuaire. Élargissement d'un cours d'eau, à l'endroit où il se jette dans la mer. L'eau de l'estuaire monte et descend avec les marées, et elle est un mélange d'eau douce du cours d'eau et d'eau salée de la mer.

Réfrigérant atmosphérique. Grande tour de refroidissement, où l'eau chauffée dans divers processus industriels est refroidie avant d'être réutilisée. De l'air froid y monte parmi les gouttes d'eau chaude qui tombent, et il en sort chauffé et chargé de vapeur d'eau.

Sources chaudes. Elles proviennent de l'eau qui s'infiltre dans les fissures de l'écorce terrestre et atteint ainsi des roches très chaudes, puis revient à la surface en un autre endroit.

Turbinage. Dans une centrale hydro-électrique, l'eau descend du réservoir du barrage et passe dans les turbines qu'elle fait tourner, pour produire de l'électricité. On peut la faire remonter ensuite, en faisant tourner les turbines en sens inverse : c'est le turbinage, qui augmente la réserve d'eau dans le réservoir.

Turbine. Machine comportant une roue munie d'ailettes, qui tourne lorsqu'un courant d'eau ou un jet de vapeur sous pression vient la frapper.

Vannes. Grands panneaux mobiles, qui permettent de fermer plus ou moins des ouvertures dans un barrage, afin de régler la quantité d'eau qui y passe.

Index

Remerciements

Les éditeurs remercient les organismes suivants, pour leur aide dans la réalisation de cet ouvrage :
Central Electricity Generating Board UK, Energy Technology Support Unit, Friends of the Earth, National Water Council UK, North of Scotland Hydro Board, Thames Water Authority, UK Department of Energy.